LES BEAUX-ARTS

ET

LA RÉVOLUTION ITALIENNE

RECUEIL DE PIÈCES DIVERSES

Publiées dans les journaux *Le Monde*, *L'Univers* et la
Correspondance de Rome

PAR

FRANÇOIS-EUGÈNE NEPVEU

ARCHITECTE

Commandeur de l'Ordre de Pie IX.

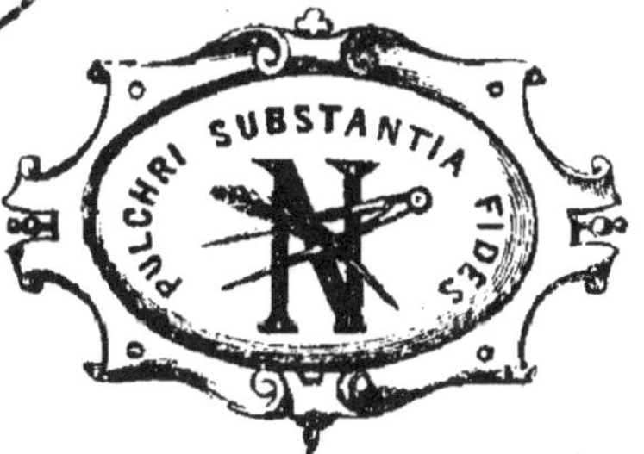

VERSAILLES

BEAU, IMPRIMEUR-LIBRAIRE

Rue de l'Orangerie, 36

—

1869

LES BEAUX-ARTS

ET

LA RÉVOLUTION ITALIENNE

—

BEAU, IMPRIMEUR A VERSAILLES.

—

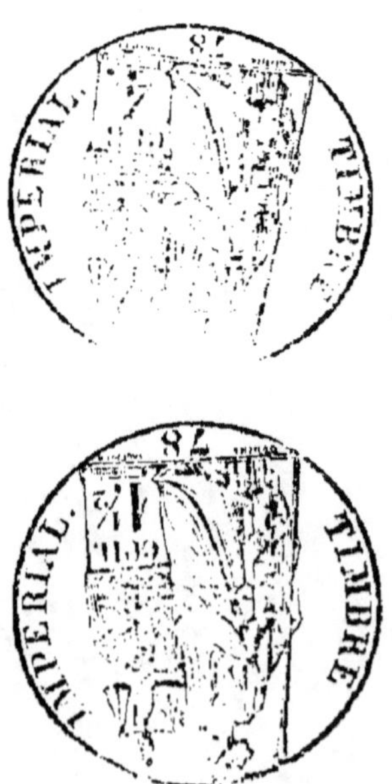

LES BEAUX-ARTS

ET

LA RÉVOLUTION ITALIENNE

RECUEIL DE PIECES DIVERSES

Publiées dans les journaux *Le Monde*, *L'Univers* et la
Correspondance de Rome

PAR

FRANÇOIS - EUGÈNE NEPVEU

ARCHITECTE

Commandeur de l'Ordre de Pie IX

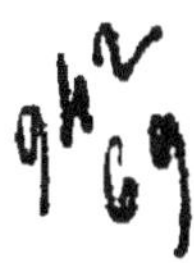

VERSAILLES

BEAU, IMPRIMEUR - LIBRAIRE

Rue de l'Orangerie, 36

—

1869

AVANT - PROPOS

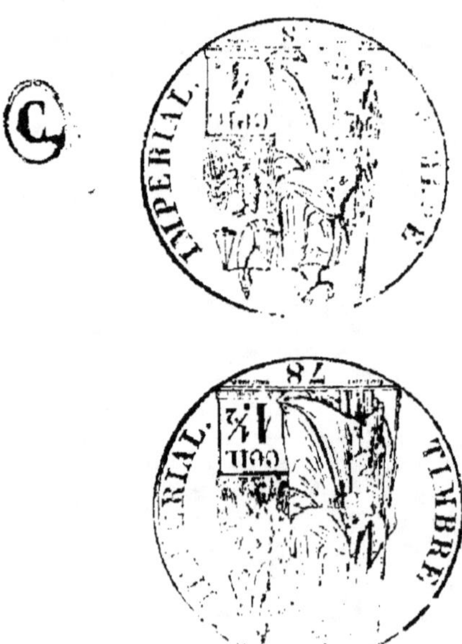

Août 1869.

La situation de l'Italie s'aggrave chaque
jour et chaque jour apporte un nouveau
dommage aux arts. Pour cela il nous a
semblé utile de reproduire les quelques
pièces qui composent ce recueil et qui ont
été publiées à diverses époques dans les
journaux : le *Monde*, la *Correspondance de
Rome* et l'*Univers*.

La révolution, avant les funestes événe-
ments auxquels a donné lieu la campagne
de 1859, a beaucoup parlé des cris de douleur de l'Italie. Cette douleur feinte n'était
qu'un masque dont les coupables se cou-

vraient pour accomplir leurs desseins pervers. La vraie douleur est pour ceux qui s'intéressent à tout ce qu'il y a de beau et de grand dans la religion et dans les arts. Pour nous cette douleur est profonde. Depuis le commencement des déplorables changements survenus en Italie, nous en avons été comme obsédés. Notre cœur de catholique et d'artiste prévoyait à coup sûr quel désastre allait fondre sur cette malheureuse terre objet de tant d'amour. Il était facile de comprendre que le premier acte de la révolution serait d'enlever à l'Italie sa physionomie consacrée, et qu'en haine de la beauté, qu'elle tenait de Dieu et de l'Eglise, elle s'efforcerait de la rendre méconnaissable.

Que les gouvernements de l'Europe aient favorisé ou laissé accomplir ce sacrilége, c'est ce que la postérité aura peine à comprendre. Il a fallu les préoccupations toutes positives d'un siècle qui s'enfonce tout doucement dans le bourbier des jouissances matérielles, pour que cet attentat passât comme inaperçu, et qu'aucune voix puissante ne s'élevât pour protester. La France sait pourtant ce que les arts ont perdu dans les tempêtes révolutionnaires, et son propre exemple aurait dû lui conseiller d'éviter à l'Italie un semblable malheur. Elle a créé chez elle des institutions, comme celle des monuments historiques, pour tâcher de préserver d'une ruine totale les débris échappés au naufrage. Mais ces efforts, quelque louables qu'ils soient, ne ramèneront jamais la splendeur première. Les ordres religieux seuls le pourraient faire, et encore, que de temps et de peines, que de liberté surtout ne leur faudrait-il pas ?

Mais qui pourra jamais calculer l'étendue du désastre qui s'accomplit en ce moment en Italie ? Quel Cicéron nouveau flétrira comme elles le méritent les dilapidations de ces nouveaux Verrès? Hélas ! nous avons perdu jusqu'au sentiment de l'indignation que de pareilles choses devraient exciter. On s'endort dans l'indifférence. Mais il y aura un réveil et, malheureusement, les yeux ouverts alors n'auront plus à contempler que des ruines.

Voilà les idées poignantes qui nous ont fait pousser, à différentes reprises, de douloureux gémissements, et voilà ce qui nous engage à en reproduire ici l'expression.

On remarquera en parcourant ces pages qu'il y a des répétitions. On nous accusera peut-être de stérilité. A ce reproche nous pourrons répondre que la douleur est monotone de sa nature, et que le crime de lèze-beauté, qui a provoqué nos plaintes, se reproduisant toujours le même et faisant saigner la même blessure, nous n'avons pas cherché une grande variété d'accent.

Nous pourrions dire aussi que ces pièces ayant été écrites à d'assez longs intervalles les unes des autres, nous ne nous sommes pas fait scrupule de reproduire les mêmes pensées qu'une même situation amenait naturellement, et nous n'avons pas voulu opérer de tout cela une refonte qui aurait ôté à chaque morceau sa date et la couleur des circonstances dans lesquelles il a été écrit.

Nous citerons ici en terminant les paroles prononcées à la Chambre des députés de Florence, par M. d'Ondes Reggio. Elles montrent combien nous avions raison de faire entendre, dès l'année 1864, ces cris d'alarme qui sont restés sans écho.

On lit dans l'*Univers* du 3 avril 1868 :

Dans l'une des dernières séances de la Chambre des députés de Florence, le député catholique, M. d'Ondes Reggio, a adressé au ministère les questions suivantes, que la Chambre n'a pas entendues sans murmures, mais qui sont demeurées sans réponse.

S. Desquers.

« Messieurs,

» On a fait deux lois que j'ai combattues de toutes mes forces, et c'était bien naturel, il est inutile que je le dise, la loi du 16 juillet 1866 pour la suppression des ordres religieux, et la loi du 15 août 1867 de la propriété ecclésiastique. Ces deux lois, à entendre la très-grande majorité de la Chambre, la droite, la gauche et le ministère, devaient absolument restaurer les finances de l'Etat; elles promettaient un nouvel Eldorado. Qu'ont-elles produit? Que cette immense richesse de la nation a été dispersée, que ceux qui en jouissaient ont été appauvris, et qu'enfin ce sont des citoyens italiens et non pas ilotes. On leur a assigné des pensions, et ces pensions ne se paient pas ou se paient mal.

» Qu'y a gagné l'Etat? Rien, et il y perdra, car il demeure chargé de ces pensions que, d'une façon

ou d'une autre, il faudra servir, et des frais per-
manents du culte.

» Et l'on prévoyait tout cela. Mais on était dé-
cidé à supprimer les corporations religieuses.
Voulait-on et veut-on, à l'aide de cette suppression,
supprimer le catholicisme? mais le catholicisme
n'est pas destructible, messieurs, il est au dessus
des lois du Parlement italien.

» Je sais ce que feraient des grands hommes;
mais il n'y a pas de grands hommes en Italie; re-
connaissez donc vos erreurs, et corrigez-les.

» Or, peut-on espérer qu'ici l'on dise jamais :
Ces lois sont injustes et nuisibles au pays, on les
révoque? Si vous les révoquiez, vous n'auriez pas
sans doute les 600 millions qu'on vous promettait,
mais vous pourriez avoir encore 200 à 300 millions.
Quand? Quand il y aurait des grands hommes qui
diraient : Nous rendons à l'Eglise tout ce qui lui
reste, car ce qui a été dissipé est perdu pour jamais; l'Etat ne songera ni au culte ni aux pensions;
que l'Eglise soit libre et maîtresse absolue de ses
biens; soyons en paix avec elle. Mais le Parlement
italien, je le sais, persistera dans sa voie fatale, et,
persécutant l'Eglise jusqu'au bout, privera d'une

1.

telle ressource les finances de l'Etat. (Rumeurs et signes d'impatience.)

» Mais ici je m'adresse à M. le ministre des finances et lui demande ce qu'il a fait des objets d'or et d'argent, des joyaux, des vases sacrés, des trésors précieux dont on a dépouillé les églises?... (Le président interrompt l'orateur, qui bientôt continue)... Oui, je demande au ministre une note et des comptes de tous ces objets d'art, de toutes ces valeurs d'or et d'argent; qu'il nous dise ce qu'on en a fait, ce qu'on en fait. Les agents du domaine, avec un zèle incroyable, sont montés sur les autels, ont enlevé tous les ornements précieux, même aux images les plus chères au peuple, et cela souvent sous les yeux de ceux qui peu avant les avaient offerts en don pieux. S'ils ont tout pris, ont-ils tout conservé? (Mouvement.) Que M. le ministre dise aussi combien de millions on a dépensés pour transformer et occuper les maisons et les établissements religieux; combien de millions à Florence, par exemple, pour installer le domaine à Santa Croce et transplanter la loterie à Santa Maria Novella, amour de Michel-Ange. (Le président interrompt encore l'orateur.)

» Cela ne m'étonne pas, fait-il. En m'entendant dire qu'elle a voté de mauvaises lois, comment la Chambre m'écouterait - elle avec bienveillance ? C'est dans la nature humaine. (Hilarité.)

» Je prie l'honorable Ministre d'ordonner au Domaine d'être plus sobre de procès, car, pour vexer les religieux, il met l'Etat en dépense et perd 90 procès sur 100.

» Je prie, enfin, la commission de la Chambre qui en est chargée de soumettre à la discussion la loi qui doit pourvoir à la subsistance de tant de pauvres religieux, dont l'état de misère et d'abandon navre et déchire le cœur de tout homme qui n'a pas perdu tout sens de la justice et de la charité, et leur donner une pension que, par une folle et plus que folle interprétation, on leur a refusée jusqu'à cette heure. »

1

A M. LE RÉDACTEUR DU JOURNAL

LE MONDE

Versailles, le 27 février 1864.

Monsieur,

Le gouvernement piémontais s'apprête à
porter le dernier coup à la splendeur morale de l'Italie, en confisquant irrévocable-
ment tous les biens de l'Eglise et des
corporations religieuses. Tous les cœurs
droits et honnêtes ont signalé ces violations
du droit et de la justice, et vous le faites
vous-même presque tous les jours dans
votre estimable journal; mais je m'étonne
qu'une voix amie des arts ne se soit pas

encore élevée pour montrer que ces actes d'un vandalisme farouche sont en outre un irréparable attentat contre le culte du grand et du beau.

Le ministre des beaux-arts, en France, s'applique à trouver les moyens d'en augmenter l'éclat, afin que la gloire en rejaillisse sur le gouvernement qu'il sert. Mais on peut dire à l'avance que ses tentatives seront frappées d'une irrémédiable impuissance, si la Révolution parvient à détruire en Italie les sources mêmes qui fécondent les arts dans toute l'Europe. Sa première préoccupation devrait donc être d'obtenir de la politique qu'on respecte ces archives de l'art européen. L'Italie pouvait être considérée comme le musée de l'univers. Toutes les générations d'artistes des divers pays allaient y admirer, y étudier ce qui ne se trouve que là, cette richesse, cette fertilité d'invention qui ont couvert le sol de

chefs-d'œuvre en tout genre ; et c'était surtout dans les couvents et dans les églises
qu'ils allaient puiser leurs inspirations. Oui,
les cloîtres qui ont donné naissance aux
arts étaient encore leur soutien ; car, dans
cette terre bénie, l'art était partout ; non
pas seulement concentré, comme chez
nous, dans les musées, mais répandu, et
répandu à profusion, dans les moindres
villes, dans les plus petits villages, et là il
était, pour ainsi dire, plus saisissant encore
et frappait davantage d'étonnement et d'admiration ; il devenait plus profitable et plus
instructif, et c'est pour cela que le voyage
d'Italie était le complément indispensable de
l'éducation d'un artiste. C'était le seul moyen
de saisir et de comprendre ces harmonies
indescriptibles, entre la nature, les monuments et les hommes, qui sont l'essence
même de la beauté. J'ai vu parmi les artistes beaucoup de ceux dont la génération

aujourd'hui près de s'éteindre ; ils avaient parcouru l'Italie alors qu'elle était bouleversée par la guerre. C'était encore dans les couvents qu'ils trouvaient le calme nécessaire à leurs études, attirés et dominés qu'ils étaient par le charme de la sérénité religieuse. Une des gloires artistiques les plus pures de la France, le peintre Granet, a passé une partie de sa vie dans les couvents.

Je ne crois pas trop m'avancer en disant que de toute l'Europe artistique il s'élève un long cri de réprobation contre le vandalisme sacrilége du Piémont ; et pour ne parler que de ceux-là, j'ai entendu deux des plus grands peintres de l'Allemagne, Cornélius et Owerbeck, manifester leur douleur profonde de ces crimes qui privent à jamais les amis des arts de leurs plus pures jouissances.

Peut-on envisager de sang-froid les conséquences des nouvelles lois spoliatrices que l'on prépare ? C'est d'abord la disparition complète de tous ces hôtes aimables et bons, qui portaient jusque sur les montagnes et dans les plus mélancoliques solitudes, avec la prière, le mouvement et la vie, et chez lesquels l'artiste trouvait à la fois des sujets de méditation morale et d'inspiration artistique. C'est ensuite la destruction ou immédiate ou lente, mais toujours inévitable, de monuments admirables et d'une foule de chefs-d'œuvre qui seront perdus pour jamais. Maintenant, qui entretiendra ces monuments ? qui protégera ces chefs-d'œuvre alors que la richesse, détournée de sa destination pieuse et féconde, au lieu de faire monter la prière vers le ciel et d'alimenter les beaux-arts, s'en ira soudoyer des traîtres, fondre des canons et fabriquer des fusils ?

Déjà, que de couvents transformés en ca-

sernes ! que d'églises dépouillées ou détrui-
tes ! que de tableaux dispersés ou vendus !
La politique a traité l'Italie comme la femme
du lévite d'Ephraïm ; elle l'a livrée aux passions brutales d'une foul ignoble et bar-
bare, dont les embrassements impurs lui
donnent la mort.

Il y a à Versailles, au palais de Trianon,
une statue qui représente l'Italie sous la
forme d'une femme jeune et belle, qui se
lève heureuse d'avoir vu briser ses fers. Je
suppose que la pensée de cette statue, quelque radicalement fausse qu'elle soit, a pu
naître après le traité de Villafranca. Mais
depuis, Monsieur, comme elle s'est changée
en un sanglant anachronisme ! Maintenant,
c'est, renversée sur le sol, dans une pitoya-
ble nudité, les traits défigurés, le sein
meurtri et les membres froissés par de
criminelles étreintes, qu'il faudrait représenter la malheureuse Italie, car c'est

ainsi que l'oppression piémontaise l'a
faite.

Ceux qui ont parcouru cet infortuné pays,
dans ces dernières années, ont pu être
frappés comme moi de cette rapide dégé-
nérescence ; bientôt, ce ne sera plus l'I-
talie.

Il ne reste encore de vraiment digne de
ce nom que Rome et le petit territoire
qu'on a laissé au Pape. Là seulement se re-
trouve la véritable physionomie italienne.
Aussi, quel saisissant contraste ! Tandis que
partout ailleurs, le pittoresque et le beau
s'envolent à la suite des religieux chassés ;
tandis qu'on ne voit que couvents fermés et
chapelles vides ; enfin, tandis que s'éten-
dent partout la dévastation et la ruine, dans
ce coin de terre privilégié règnent la paix
et la prospérité. On bâtit, on répare les
églises. Une noblesse, aussi intelligente
qu'elle est généreuse, secondant les désirs

de son souverain, emploie une grande partie de sa fortune soit en actes de bienfai-
sance, soit en encouragements pour les
arts. Les modestes ressources de l'Etat pon-
tifical, sagement employées, semblent renouveler, par les mains de Pie IX, le
miracle de la multiplication des pains, et
suffisent à d'importants et d'admirables travaux, impossibles pour les gros budgets
modernes. Alors que nous délibérons sur
le meilleur moyen de faire des artistes, à
Rome on en trouve comme les Tenerani,
les Podesti, les Mantovani, dignes de continuer les grandes traditions de l'art et
d'ajouter un anneau à cette chaîne non in-
terrompue de talents qui ont fait la gloire de
l'Italie et des Souverains-Pontifes, et dont
les travaux peuvent sans désavantage, faire
suite à ceux des Raphael et des Michel-
Ange.

Que dire, maintenant, de ceux qui s'acharnent à décrier le gouvernement du Pape avec une prétendue éloquence semblable à ces volcans dont l'ardeur ne se réveille que pour apporter sur de riches campagnes, avec des flots de cendre, une perpétuelle stérilité ? Que dire de ceux qui s'efforcent, avec une rage impie, de faire chavirer cette arche sainte, renfermant seule à l'heure qu'il est les précieuses semences du bien et du beau, du grand et du vrai, qui peuvent régénérer le monde ? Il faut les appeler de ce mot si touchant et si profond dont la langue italienne se sert pour désigner ceux qui font le mal : il faut les appeler *I tristi*, les tristes !

Oui, vous êtes tristes, vous qui, en face du trouble universel, osez dire cette sinistre parole : la Révolution, c'est nous ! Oui, vous êtes tristes, vous qui laissez accomplir ou encouragez la spoliation du faible. Oui, vous êtes tristes, vous qui poursuivez la re-

ligion sans laquelle les beaux-arts, honneur
et joie de l'humanité, ne peuvent exister.
Oui, vous êtes tristes, vous qui permettez
que des barbares en délire anéantissent en
quelques années les œuvres de cinq siècles
d'efforts et de génie ; partout où vos doctrines auront cours et recevront la sanglante
application que nous leur voyons donner
en Italie, vous n'apporterez aux peuples que
la tristesse et le deuil.

Lorsque la fièvre de destruction sera
passée, vous essaierez de faire des beaux-
arts sans la religion. Vous n'y réussirez pas,
et vous ne recueillerez dans l'histoire que
le nom de profanateurs impuissants.

Monsieur le ministre pourrait rendre aux
beaux-arts qu'il dirige, le plus éminent et
le plus nécessaire de tous les services, si,
se faisant le représentant de leur plus pres-
sant intérêt, il portait jusque dans les hau-
tes sphères, ce cri suprême de tout ce qui

a l'amour et le culte du grand et du beau.
Quelle reconnaissance n'obtiendrait-il pas
de l'univers artistique, s'il parvenait à nous
faire restituer cette aimable et souriante
Italie telle que nous l'avons toujours aimée,
telle qu'elle était avant de devenir la proie
de la Révolution, resplendissante de sa
beauté souveraine et revêtue comme Rome,
sa protectrice et son modèle, de la double
et immortelle couronne des arts et de la
foi !

E. NEPVEU.

II

LETTRE A CÉSAR

PAR

UN PETIT-FILS DU PAYSAN DU DANUBE

Ces deux lettres, dont la fable de La Fontaine a fait naître l'idée, ont été publiées dans la *Correspondance de Rome*. Par suite de certaines considérations de temps et de lieu, on avait cru devoir alors en changer le titre. Nous le rétablissons ici tel qu'il doit être.

Novembre 1865.

« Je supplie avant tout les Dieux de m'assister.
» Veuillent les Immortels, conducteurs de ma langue,
» Que je ne dise rien qui doive être repris. »

César,

Ecoute la voix du plus imperceptible de ces millions d'atomes qui forment la sub-stance même de ton pouvoir. Ecoute-la ! car elle veut te faire entendre des choses que nul autour de toi ne veut ou n'ose te dire.

O César, il en est temps dans l'intérêt de ta gloire, retire aux profanateurs de l'Italie l'appui que tu leur as trop longtemps donné. Hâtes-toi ! car, si tu tardes, cette terre privilégiée de la poésie et de la beauté, dépouillée de tout ce qui faisait sa splendeur, ne présentera plus aux regards attristés de l'ami des arts qu'un spectacle de ruine et de désolation.

Et pourquoi tous ces malheurs ? Pourquoi la fraction de l'Italie la moins italienne de toutes a-t-elle étendu sur tout le reste un pouvoir qui ne se manifeste que par la destruction ? Pourquoi cette Italie nouvelle prend-elle à tâche d'effacer tout ce qui faisait la gloire et l'ornement de la véritable Italie ?

« Pourquoi venir troubler une innocente vie ? »
» Nous cultivions en paix d'heureux champs, et nos
[mains »
» Étaient propres aux arts ainsi qu'au labourage. »

Penses-y, ô César ! Sans toi ce pouvoir n'existerait pas et l'opinion te rend responsable de ces actes, et quelle responsabilité devant l'histoire que la perte et la ruine de cette patrie des arts ! N'en doutes pas, une période d'obscurité et d'affaissement suivra infailliblement la ruine de l'Italie, et ce souvenir d'irréparable destruction s'attachera à ta mémoire et l'escortera dans les siècles futurs comme un ange vengeur.

En vain les ministres essayeront d'amortir ce coup funeste. Ils prendront des mesures. Ils feront des règlements. Inutiles efforts. Le beau, tari dans sa source, ne reparaîtra pas. L'Église outragée, dépouillée, proscrite, emportera avec elle le secret qu'elle seule possède, et la beauté ne jaillira plus du sein de cette terre qu'elle couvrait de ses bienfaits et de sa protection.

Non, en Italie rien ne remplacera l'Église. Elle l'avait pour ainsi dire modelée à son image. Elle l'avait faite belle, grande et riche. Elle lui avait donné cette vie surnaturelle sans laquelle les peuples comme les individus ne peuvent rien de durable et de grand. Qu'importe que dans ces temps, que l'impuissance moderne affecte de mépriser, beaucoup d'hommes ne sussent pas lire. L'Église avait soin d'écrire ces admirables pages de marbre et d'or qu'on appelle les dômes de Pise, Orviette, Milan ou Pavie, et dans lesquelles le plus illettré pouvait apprendre sous l'influence du beau qui le pénétrait de toutes parts, tout ce que l'homme a besoin de savoir pour son bonheur et pour son salut. Cela valait bien l'école enfumée d'un instituteur de village, où le paysan n'apprend à lire que pour satisfaire une curiosité malsaine dans des livres et des journaux qui pervertissent à la fois son esprit et son cœur.

Quel bonheur, grand Dieu, que la société de ces époques n'ait pas été constituée sur ce plan uniforme et bâtard que nous appelons la civilisation moderne, pour nous tromper nous-mêmes, car nous n'aurions aucun de ces chefs-d'œuvre qui sont l'honneur du catholicisme et qui ont guidé jusqu'ici les beaux-arts dans leur marche.

Ce que la plus petite des républiques d'Italie a pu faire sans finances, et pour ainsi dire sans gouvernement, serait évidemment impossible à notre centralisation appuyée sur ses budgets massifs. C'est qu'il faut le reconnaître, et il est nécessaire que les plus grands rois, que les plus puissants empereurs, que **M.** le préfet de la Seine lui-même en soient convaincus, le beau, le grand n'est possible qu'en prenant Dieu et l'Église pour collaborateurs et pour guides.

Qu'espère donc, ô César, l'Italie révolutionnaire ? Que veut-elle faire de ce pays qu'elle profane et qu'elle mutile? Comment! un peuple qui a donné à lui seul plus de grands hommes que toute l'Europe réunie ambitionne dans des jours de décadence une gloire qu'il n'a pu avoir dans sa période de force et de génie ! et quels hommes, grand Dieu, se sont chargés de réaliser ce rêve d'un peuple malade ? La véritable Italie peut leur dire :

> Qu'avez-vous appris aux *Latins ?*
> Ils ont l'adresse et le courage.
> S'ils avaient eu l'avidité
> Comme vous, et la violence,
> Peut-être en votre place ils auraient la puissance
> Et sauraient en user sans inhumanité.
> Celle que vos préteurs ont sur nous exercée
> N'entre qu'à peine en la pensée ;
> La majesté de vos autels
> Elle-même en est offensée ;
> Car sachez que les immortels
> Ont les regards sur nous. Grâces à vos exemples
> Ils n'ont devant les yeux que des objets d'horreur,
> De mépris d'eux et de leurs temples,
> D'avarice qui va jusques à la fureur.

Non ! de tels gens, loin d'être les conducteurs d'une nation qui commence, ne sont que les faux prophètes d'un peuple qui finit.

L'Angleterre le sait bien. Elle l'a vu depuis longtemps. Elle a pour découvrir les peuples en décadence le flair de l'oiseau de proie. Elle sent la chair qui va devenir cadavre. Elle est aise. Elle respire avec bonheur l'odeur que répand cette décomposition prochaine. Alors elle étend les serres ; elle envoie devant elle ses pasteurs, agents de dissection morale et si bien propres à fouiller dans les entrailles d'un peuple pour lui arracher jusqu'au dernier lambeau de sa foi, et si ce peuple est trop lent à mourir, elle a des secrets merveilleux, des poisons qui ne sont qu'à elle, des recettes d'affranchissement et de liberté, et elle finit par l'affranchir de son repos, de son bonheur, de ses biens et enfin de la vie.

Combien de riches dépouilles ont déjà

pris la route de Londres ! Que de trésors à jamais perdus pour l'Italie ? et que deviendront ceux qui restent encore ?

Penses-y donc, ô César, le catholicisme seul peut retenir dans les veines de l'Italie une vie qui s'échappe ; ne la laisse pas plus longtemps au pouvoir de ces maîtres impitoyables.

> Retirez-les, on ne veut plus
> Cultiver pour eux les campagnes.
> . . . .
> Retirez-les. Ils ne nous apprendront
> Que la mollesse et que le vice.
> *Les Latins* comme eux deviendront
> Gens de rapine et d'avarice.

Oui, ces barbares ne savent et ne peuvent qu'une chose, répandre partout la misère, la tristesse et le deuil. Ils salissent, ils outragent, ils défigurent tout ce qui faisait

l'objet de notre admiration et de nos res-
pects.

Retires-le, ô César, tu peux préserver
ainsi les beaux-arts du plus grand danger
qu'ils aient couru depuis longtemps.

Le Dieu tout-puissant qui préside à leurs
destinées comme à celles des empires t'en
tiendra compte, et la postérité reconnais-
sante entourera ton nom d'une gloire que
tu chercherais vainement après la consom-
mation d'un attentat qui atteint la civilisation tout entière.

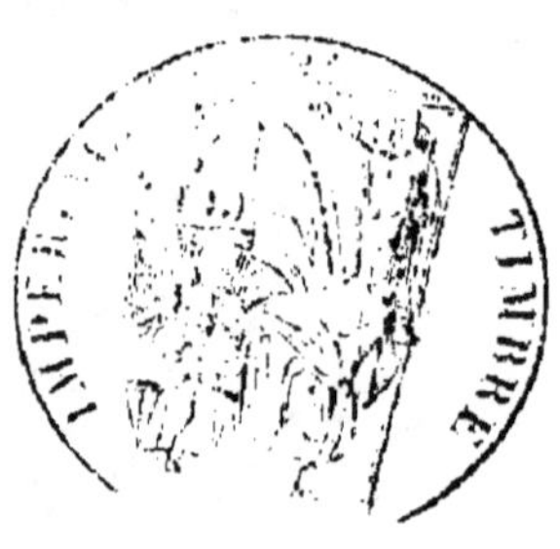
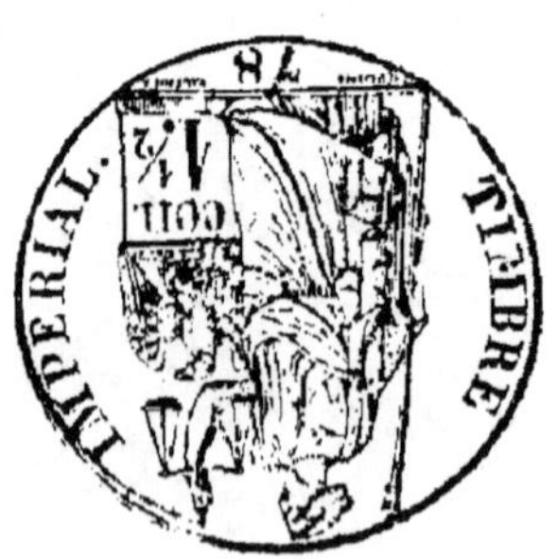

III

SECONDE LETTRE A CÉSAR

PAR

UN PETIT-FILS DU PAYSAN DU DANUBE.

Décembre 1865.

César,

La révolution s'est fait donner de nouveaux gages. Des paroles viennent d'être
prononcées qui lui laissent entrevoir la
réalisation de ses espérances impies (1).
Il ne faut donc point se lasser de faire voir
les conséquences désastreuses qu'entraîne-

(1) Cela a trait à des paroles prononcées publique-
ment par le roi d'Italie.

rait sa victoire complète. Il ne faut point cesser d'élever la voix pour réclamer de l'Europe une protection efficace contre ces modernes Vandales qui s'avancent toujours en poussant devant eux la destruction et la ruine, dignes messagères d'un pouvoir qui nie Dieu et ses œuvres, et voit son dernier triomphe dans la chute du Vicaire de Jésus-Christ.

Je t'ai déjà dit, ô César, ce qu'il en a coûté à l'Italie pour s'affubler de ce manteau sanglant de l'unité, qui ne couvre que ses hontes et sa misère. Je t'ai montré qu'elle sacrifiait à une vaine idole son renom jusqu'ici incontesté de terre des arts et de la beauté. Je t'ai prouvé que sa ruine, loin de l'affranchir, la rendrait esclave et qu'en se faisant révolutionnaire, en repoussant le catholicisme qui l'a faite ce qu'elle est, c'est-à-dire, plus grande et plus belle qu'aucune terre au monde, elle repoussait son dernier moyen de salut, sa dernière chance de vie.

Un homme peut-il se faire une carrière et arriver à tenir sa place dans le monde en reniant l'honneur de sa famille? Une nation peut-elle devenir célèbre en renonçant à la gloire de ses ancêtres? C'est pourtant ce que fait l'Italie en bannissant de son sein le catholicisme et les ordres religieux, auteurs désintéressés et constructeurs infatigables de sa grandeur et de sa prospérité. Loin d'attirer sur elle les regards et l'attention du monde, elle perdra infailliblement sa considération légitime et l'éclat dont elle était revêtue.

Que dirais-tu, ô César, d'un gentilhomme possesseur d'un riche domaine et d'une habitation magnifique, dans lesquels il aurait passé jusqu'à ce jour une vie embellie par les arts, et qui, cédant tout à coup aux conseils d'un intendant perfide, s'aviserait sur sa vieillesse de se faire industriel, et vendrait, pour réaliser ce projet, ses meubles, ses tableaux et ses statues? Ne le tiendrais-tu pas pour fou?

C'est pourtant ainsi qu'agit l'Italie en voulant changer les conditions de son existence et en déposant pour jamais le sceptre des arts et de la beauté.

Il faut le dire avec tristesse, partout la beauté disparaît et ce qui se passe en Europe depuis longtemps n'est autre chose que l'invasion de la laideur. Comment en serait-il autrement puisque nous sommes livrés à l'action incessante de la révolution qui est satanique dans son essence? Or Satan n'est-il pas le type et le représentant de l'éternelle laideur? Ne veut-il pas refaire le monde à son image? Ne hait-il pas, ne détruit-il pas quand il le peut tout ce qui élève l'homme et le rapproche de Dieu? A ce titre les beaux-arts reçoivent ses premiers coups. Son grand art à lui est de produire l'uniformité qui produit elle-même l'ennui : l'homme qui s'ennuie est bien près de se perdre et la perte de l'homme est le but final de Satan.

Remarque un peu, César, tous les pas que la révolution nous fait faire vers l'uniformité. Elle commence par dépouiller les peuples de leurs costumes nationaux sous le prétexte d'une mensongère égalité : première atteinte portée au pittoresque. Elle détruit les ordres religieux, dont les habits sévères forment un puissant contraste avec les vêtements du monde et présentent par la beauté de leurs lignes et de leur couleur tant de ressources aux peintres : seconde et plus grave atteinte aux beaux-arts. Puis elle transforme les églises et les monastères; elle en fait des magasins et des casernes; et enfin, suprême et dernière atteinte à la beauté, elle les détruit !

3.

L'église et le monastère! les deux chefs-
d'œuvre de l'esprit chrétien, les deux pivots
de la civilisation chrétienne, les deux monuments qui ont été le principe et l'âme de
toutes nos villes, et sur lesquels le catholicisme avait amassé, en Italie surtout, les
trésors d'un art inépuisable dans ses créations !

L'église, qui dressait ses flèches et ses
dômes au milieu de nos cités pour dire à
l'homme qu'il se doit d'abord à Dieu, et le
monastère, qui représentait le triomphe de
l'esprit sur la matière et portait la vie jus-
ques dans les plus âpres solitudes, jusqu'au
sommet des montagnes !

Voilà ce que veulent Satan et la révolution, son premier ministre. Plus de monastères et plus d'églises. Alors Satan règne, le
laid triomphe, et l'homme, abruti, perdant
tout sentiment du beau, se plonge dans la
fange dont Satan ne le tire que pour qu'il

aille contempler dans l'éternité malheureuse son immuable laideur.

La destruction du beau, tel est donc le résultat positif auquel la révolution amènera l'Europe, et tel est le crime de lèze-humanité que l'Europe indifférente ou complice laisse la révolution commettre en Italie.

Et comment l'Europe qui pouvait empêcher tant de crimes, dont elle portera un jour la honte et le châtiment, les laisse-t-elle froidement accomplir sous ses yeux en se donnant ainsi le hideux spectacle d'un peuple qui se suicide après avoir jeté au vent ses richesses et sa gloire?

Hélas! César, l'explication n'est que trop naturelle. L'Europe elle-même est bien malade. Le mal caché qui la travaille est devenu une paralysie presque générale et qui déjà menace le cœur. Ses médecins officiels, malgré toute leur science, sont à court de moyens, et leur aveuglement est tel qu'il ne leur vient pas même à l'idée d'invoquer Dieu et de pousser ce cri de miséricorde qui, à l'heure du danger suprême, s'échappe comme involontairement de l'âme humaine. Ils laisseront périr leur malade faute de vouloir, en dehors de leurs rangs, lui trouver un sauveur.

Il existe pourtant ce sauveur, il existe et c'est celui-là même qu'ils veulent faire disparaître comme la cause du mal. Il existe et son remède est infaillible. Qu'ils l'appellent donc et le laissent agir. On le verra venir ce maître de la vie, plein de douceur et de majesté; son regard plus pénétrant que tous les regards fera descendre l'espérance et la joie dans l'âme qui soutient ce corps malade. Il placera sur la poitrine du mourant la croix qui fait sa science et sa force, et tout aussitôt le sang reprendra son cours, et la vie qu'un fatal empirisme allait détruire, retrouvant sa puissance, le malade se lèvera pour rendre gloire à Dieu, qui seul conserve et guérit les nations.

IV

ADRESSE DES ARTISTES

A SA SAINTETÉ PIE IX

Cette adresse n'a point été présentée à Sa Sainteté,
quoiqu'elle ait reçu l'adhésion de plusieurs artistes
notables étrangers et romains. Certaines difficultés,
survenues au moment d'agir, ont engagé le promoteur de l'idée à y renoncer.

Rome, décembre 1866.

Très-Saint Père,

La religion, la politique, la simple sa-
gesse humaine ont protesté en faveur du
pouvoir temporel de la Papauté.

Les arts viennent à leur tour déposer
leurs hommages aux pieds de Votre Sainteté et proclamer que ce pouvoir leur est
indispensable. Leur voix doit se faire entendre et se faire écouter, car lorsque le
flot des générations s'est écoulé, ils subsis-

tent comme les témoins irrécusables de la puissance et de la splendeur de la civilisation au milieu de laquelle ces générations ont vécu. Les souverains qui leur donnent l'encouragement et l'expansion se font une mémoire impérissable ; ceux qui les négligent ou les oppriment ne recueillent que le mépris de la postérité.

Quelle royauté, sous ce rapport, a mieux mérité de la civilisation et de l'humanité que celle des Souverains-Pontifes ? Ils ont été les gardiens vigilants des chefs-d'œuvre de l'antiquité. Ils leur ont donné asile dans leur palais même, montrant ainsi que la religion adopte et ennoblit tout ce qui est vraiment beau. Ce sont les Souverains-Pontifes qui, donnant essor à l'art moderne, l'ont conduit à ce point où il s'est résumé dans les immortels chefs-d'œuvre des Raphaël et des Michel-Ange. Ce sont eux qui maintiennent à Rome cet ensemble unique de beautés de tout ordre, ce faisceau lumineux près duquel les artistes du monde entier viennent s'éclairer et s'instruire.

Oui, Très-Saint Père, le petit coin de terre que la révolution n'a pu encore ravir à Votre Sainteté est le seul où les arts trouvent l'inspiration qui les fait vivre e le calme dont ils ont besoin pour s'épanouir.

L'âme du véritable artiste est saisie d'une indicible épouvante à la seule pensée de voir ces chefs-d'œuvre détruits ou dispersés, ces trésors pillés, ces richesses anéanties, et surtout de voir remplacer par l'apparence étroite et mesquine des œuvres utilitaires de la civilisation moderne les mœurs, les habitudes, l'aspect consacré par l'admiration des âges de cette terre privilégiée de la beauté.

Hélas, Très-Saint Père, ce qui se passe dans le reste de l'Italie ne justifie que trop

ces craintes. Le génie de la destruction y
règne et procède sans pitié à faire disparaître ce qui constituait la gloire de l'an-
cienne Italie. La spoliation et la suppression
des ordres religieux est le coup le plus funeste qui depuis longtemps ait été porté
aux beaux-arts. Préoccupés de ces tristes
pensées, effrayés de ce sombre avenir, les
artistes résidants à Rome viennent aux
pieds de Votre Sainteté Lui exprimer la
conviction profonde où ils sont, que l'éclat,
que la grandeur, que la vie même des
beaux-arts en Europe est indissolublement
liée au maintien du bienfaisant pouvoir des
Souverains-Pontifes.

Si les passions ennemies qui déchirent
l'Europe ne portaient pas nécessairement
avec elles un funeste aveuglement, le règne
de Votre Sainteté suffirait à mettre cette
vérité en évidence, car tandis que les richesses des nations se dissipent en œuvres

frivoles ou en instruments de destruction, les modestes ressources qu'on a laissées à Votre Sainteté ont été employées par Elle à continuer glorieusement la noble tâche de ses prédécesseurs. D'une part Elle a mis en lumière les origines de l'art chrétien et lui a fourni par là des données nouvelles et précieuses, de l'autre Elle a embelli Rome et le Vatican par des œuvres qui sont une nouvelle et digne page de cette grande histoire de l'art dont le Vatican est pour ainsi dire le livre. Alors que presque partout ailleurs il n'y avait que trouble et agitation, les artistes ont pu jouir ici, sous le sceptre béni de Votre Sainteté, d'un bienveillant accueil, d'une liberté entière, et vivre paisiblement dans la contemplation de ces lieux vénérés et jusqu'ici heureusement préservés des changements déplorables qu'entraîne avec elle la vie tumultueuse des sociétés modernes.

Veuille donc le Dieu tout-puissant exaucer nos vœux et persuader aux souverains comme aux nations que leur gloire et leur honneur se mesureront dans l'avenir sur le degré de protection qu'ils auront donné à ce pouvoir temporel de la Papauté, promoteur infatigable du développement des plus nobles facultés humaines, et qui seul peut rester le gardien des œuvres d'art qu'il a fait naître et dont il conserve si fidèlement le dépôt au profit de tous les peuples !

V

LAMENTATION

SUR

SUR LES BEAUX-ARTS

Cette lamentation, comme on peut le voir, est presque une prophétie, car c'est dans l'automne de cette même année 1867, que Rome s'est vue sur le point de tomber aux mains des barbares. Sans un miracle de la divine Providence, l'incurie des gouvernements européens, la lenteur de celui de la France allaient laisser couronner par cet attentat inouï la longue série des odieux succès de la Révolution.

Rome, janvier 1867.

Mon Dieu ! ayez pitié des arts! secourez-les dans leur détresse ! Un asile jusqu'ici respecté leur reste encore. C'est le territoire sacré, c'est la ville sainte où votre culte a reçu le plus haut degré de splendeur. Préservez-les des atteintes de ces modernes barbares qui promènent dans tout le reste de l'Italie leur fureur aveugle et leur insatiable avarice. Ils sont, je le sais, les ministres de votre vengeance. Vous punissez l'Italie parce qu'elle a méprisé la source de sa beauté, parce qu'elle a dédaigné les merveilles que vous lui aviez donné de produire en servant votre nom. Vous voulez lui faire comprendre qu'elle avait trouvé sa grandeur dans un reflet de votre gloire et qu'elle la perd en quittant vos voies.

Votre vengeance est terrible, ô mon Dieu, car vous avez pris pour l'exercer les instruments les plus affreux. Vous permettez à des insensés enivrés d'une rage impie de profaner cette terre couverte de chefs-d'œuvre ; vous plaît-il donc que de pareilles mains guidées par une bassesse et une perversité qui se cachent dans l'ombre souillent et détruisent tout ce qui glorifiait votre saint nom.

Mais en punissant l'Italie c'est l'Europe, c'est le monde que vous punissez. N'est-ce pas assez pour apaiser votre colère des ruines déjà faites. Un siècle de paix et de génie ne suffira pas pour rétablir ce que la fureur de ces barbares a fait disparaître. Les magnificences condensées à Rome doivent-elles disparaître aussi?

Voulez-vous donc, ô Seigneur Dieu, priver le monde du spectacle des beautés qui n'ont pu éclore que là sous le puissant regard des Pontifes-Rois? Nulle autre royauté que celle de votre vicaire n'a su allumer et entretenir cette flamme immortelle de l'art que vous avec créé en offrant votre fils pour modèle et pour type.

Voulez-vous donc, ô mon Dieu, anéantir ces clartés, éteindre ce flambeau et consommer cette irréparable ruine sous les yeux de l'Europe civilisée ?

Non, Seigneur, vous ne le voudrez pas. Vous ferez monter au cœur des rois le remords et la honte. Vous leur montrerez l'histoire imprimant un signe vengeur sur leurs noms. Vous leur ferez voir la postérité dépouillée par leur faute de son héritage de beauté écrivant en caractères sanglants sur ces ruines qu'ils auront laissé faire : là fut la main de l'Europe ! là fut la main de la France.

Les artistes sont coupables, Seigneur, je le reconnais. La plupart ont cessé de se tourner vers vous pour vous demander l'inspiration et la foi. Vous les avez punis par l'impuissance et l'abaissement. Cependant faites-leur miséricorde. Ils reviendront vers vous, source éternelle de toute beauté ! tout les y pousse : et leurs instincts qui se réveillent et le contraste des ignominies qui les entourent. Mais avant tout, Seigneur, ne leur enlevez pas leur seul moyen de salut. Délivrez l'Italie des barbares qui l'oppriment et la défigurent. Conservez aux artistes leur véritable patrie exempte des souillures du vandalisme moderne ; conservez-leur Rome, la Rome des Pontifes-Rois, la Rome aux ruines fécondes, aux splendeurs catholiques plus fécondes encore, la Rome aux ineffables horizons, aux saisissants contrastes, la Rome de la paix et de la méditation, Rome enfin, seul endroit de la terre où le cœur et l'esprit de l'artiste puisse trouver les inspirations sublimes de la religion dans tout son éclat et relever son âme abattue par les misères de ce monde, en contemplant le bienfaisant spectacle de la justice et de la vertu couronnées.

VI

ALEXANDRE MANTOVANI

Versailles, 23 mars 1868

Le vote du 5 décembre, comme tout acte
honnête et viril, aura des conséquences
heureuses qui s'étendront bien au delà des
faits momentanés qui l'ont amené. Laissant
de côté les considérations politiques, nous
voulons apprécier ces conséquences à un
seul point de vue, celui des beaux-arts.

Rome et les lieux consacrés au milieu
desquels elle est placée, garantis des atteintes de la révolution, c'est-à-dire de la
barbarie moderne, ce n'est ni plus ni moins

que l'existence des beaux-arts redevenue certaine, de menacée qu'elle était. C'est leur indispensable patrimoine conservé aux générations présentes et futures, et conservé par les seules mains qui le puissent faire utilement.

Hélas! ce patrimoine est considérablement amoindri! Autrefois c'était l'Italie tout entière ; mais la révolution a passé et reste encore maîtresse de cette terre privilégiée, qu'elle outrage et qu'elle défigure, à la douleur profonde de tout ce qui aime et comprend la beauté. L'artiste, qui autrefois parcourait librement ce beau pays façonné par l'Église, et où l'Église avait encore sa légitime prépondérance, sentait comme une révélation divine de ces harmonies indescriptibles entre la nature, les monuments et les hommes, qui sont l'essence même de la beauté. Aujourd'hui, l'accord est rompu, une effroyable dissonance déchire l'âme du voyageur attristé. Les religieux chassés, les couvents déserts et ruinés, les églises pillées ou changées en casernes, attestent la puissance laissée à cette sottise dévorante, fille de la révolution, bien digne de sa mère, et cent fois pire que la barbarie, car la barbarie est susceptible d'éducation, et cette sottise ne l'est pas. L'Italie, si Dieu ne la sauve, devra perdre jusqu'au dernier vestige de sa beauté première pour être à l'unisson de ses nouveaux maîtres.

Il ne reste donc, pour entretenir et renouveler la séve des beaux-arts, que le petit territoire laissé au Souverain-Pontife, et les outrages qu'il vient de subir n'en attesteront que mieux la puissance qui les a arrêtés dès le principe. Heureusement pour la France, cette préservation est son ouvrage, et Dieu, source éternelle de toute beauté, l'en récompensera par plusieurs

sortes de gloires. Oui, la fusion qui s'opère entre les intérêts de la France et
ceux de la Papauté sera féconde de bien
de manières, et les beaux-arts entre autres y gagneront considérablement, si un
contact plus fréquent et plus intime s'établit entre les artistes des deux pays.
Que ne pourrait le génie français s'il
s'imprégnait de cette exubérance créatrice du génie italien, et que ne gagnerait pas le génie italien s'il contractait à son tour cette sobriété, cette
modération logique du génie français? Ce
ibre échange en vaudrait bien un autre,
et ne serait pas d'ailleurs chose nouvelle. A
bien des époques, les artistes italiens ont
travaillé en France et les artistes français
en Italie. Les Léonard de Vinci, les Primatice, les Bernin, les Servandoni, ont été
accueillis dans notre pays, comme les Jean
de Bologne, les Poussin, les Claude Lorain

l'ont été dans la patrie de Raphaël et de Michel-Ange.

Il est surtout une branche de la peinture, fort peu comprise et encore moins cultivée en France, que nous voudrions voir s'y développer et s'y acclimater tout à fait. C'est celle de la peinture décorative. En Italie, à Rome surtout, elle a acquis des proportions grandioses. Prolongement du goût des anciens pour l'embellissement de leurs demeures, elle est d'un usage général. Le plus modeste appartement a des plafonds et souvent les parois des principales pièces enrichies de peintures. Les palais de la noblesse sont partout à l'intérieur revêtus de splendides ornements. Mais c'est principalement dans les différentes demeures des Souverains-Pontifes, au Vatican surtout, que la peinture décorative s'est élevée à la hauteur des plus nobles branches de l'art.

Tout le monde connaît les loges de Raphaël, celles de Jean d'Udine, et les travaux des Zuccheri, ces frères fameux qui ont illustré le château de Caprarole et laissé leur nom à la manière qui les distingue. Nous n'avons rien en France qui se puisse comparer aux œuvres de ces maîtres.

Eh bien, il y a aujourd'hui à Rome un artiste éminent qui ne leur cède en rien et qui a su continuer, sans amoindrissement, bien au contraire, les traditions de cette grande école. C'est M. Alexandre Mantovani.

Nous ne parlerons ici que de celles de ses œuvres que tout le monde peut voir et admirer au Vatican. Elles sont renfermées dans cette série de portiques ou loges superposées qui composent la cour de Saint-Damase, et sont de deux natures différentes. Elles consistent en une restauration complète de la loge du premier étage, et dans la décoration créée par l'artiste des deux parties des loges du premier et du second étage qui touchent aux appartements du Pape.

Les peintures de la loge du premier étage qui conduit au musée, maintenant restaurées par Alexandre Mantovani, furent exécutées en 1518 par Jean d'Udine, élève de Raphael, d'après les ordres de Léon X. Dès leur origine, ces peintures avaient subi les outrages d'une démence brutale, et les soldats de Charles-Quint avaient montré au monde ce qu'il n'a vu que trop souvent depuis, et ce qu'il peut voir malheureusement encore de nos jours, quel respect on peut attendre pour les plus belles choses de la force mise au service de l'iniquité.

L'Église, patiente et douce, après avoir éprouvé ces violences, ne sait et ne peut qu'une chose : réparer dans le silence et la résignation ses ruines et ses pertes, qui sont toujours celles des arts et de ce qui fait la vraie gloire de l'esprit humain. Notre Saint-Père Pie IX, jaloux de remplir cette noble mission de l'Église, et ayant vu que les dégradations des peintures de Jean d'Udine s'étaient aggravées au point qu'il en restait à peine la moitié, résolut, dans l'année 1862, d'en faire la restauration, et la confia à Alexandre Mantovani, dont il avait déjà eu l'occasion de reconnaître le mérite. Et certes, en cela, la clairvoyance du Pape l'avait, comme toujours, admirablement servi.

Il fallait, en effet, un talent aussi solide, aussi complet que celui d'Alexandre Mantovani pour mener à bonne fin une tâche pleine de difficultés, et dont l'accomplissement ne pouvait procurer à l'artiste d'autre satisfaction que celle d'avoir consciencieusement obéi aux ordres de son souverain.

Maintenant que le travail est terminé,

qui peut se rendre compte de la peine qu'il a coûtée, des recherches qu'il a fallu faire, des efforts qu'a dû s'imposer un artiste plein de séve et d'imagination pour écarter sa personnalité et rester constamment l'humble reproducteur de la pensée d'autrui ? Alexandre Mantovani a si parfaitement fait revivre l'œuvre de Jean d'Udine, il a si bien reproduit toute cette ordonnance remplie de goût, tous ces charmants détails, que son nom disparaîtra toujours derrière celui de l'auteur primitif, et bien peu de personnes, en admirant ces peintures si laborieusement restituées, prononceront le nom de leur patient et habile restaurateur.

Heureusement Pie IX, auprès de qui nul effort n'est stérile, a voulu, comme récompense de cette abnégation si rare et si complète, donner à Alexandre Mantovani les moyens d'être lui-même en lui confiant la décoration de la partie des loges du premier et du second étage qui touche à ses appartements.

Le premier étage est en cours d'exécution, mais le second a été terminé dès le commencement de l'année dernière, et c'est là qu'Alexandre Mantovani, en prouvant ce que peut le catholicisme pour ennoblir et transformer toutes les faces de l'art, a montré jusqu'à quelle hauteur il pouvait faire arriver le sien.

On sait que Raphael, dans la composition de ses fameuses arabesques, s'est inspiré de peintures antiques découvertes de son temps, principalement aux Thermes de Titus. Aussi, ces arabesques portent-elles le cachet de l'art antique, grandi, il est vrai, par l'élévation de style et la noblesse que le génie de Raphael ne pouvait manquer d'y mettre. Mais le souffle religieux ne s'y montre que dans les sujets tirés de l'Ancien Testament qui forment les petits tableaux, admirable ornement des voussures, et dont la réputation impérissable a pour ainsi dire absorbé tout le reste ; et cela s'explique, parce que les arabesques, tout en portant les traces de la puissante fécondité du maître, sont sans rapport sensible avec la composition des tableaux.

Alexandre Mantovani, ayant à lutter contre ce dangereux voisinage, que sa modestie lui montrait plus redoutable encore, a voulu procéder d'une autre manière. Il a voulu créer un ensemble dont toutes les parties, réunies par un invincible lien, ne fussent, chacune dans leur genre et pour leur place, que le développement d'une même pensée. Les tableaux des voussures devaient représenter le Nouveau-Testament. Alexandre Mantovani leur a donné pour support et pour cadre des arabesques dans lesquelles, tout en conservant l'inimitable correction des anciens, dont Raphael lui donnait l'exemple, il a su faire partout épanouir la pensée catholique. Partout le symbolisme religieux fleurit avec exubérance au milieu des attributs les plus variés, empruntés aux différents règnes de la nature, aux différentes branches des beaux-arts. C'est comme un hymne magnifique, où les créations de Dieu et du génie de l'homme font chacune leur partie, tout en venant se fondre dans la sublime harmonie du catholicisme. Il y a là des décorations de pilastre qui sont à elles seules tout un poème sur la passion.

Il faut suivre avec étude ces ingénieuses combinaisons, où l'on voit figurer des animaux symboliques, comme le cerf, le paon, l'agneau, la colombe, le pélican, au milieu des palmiers, de la vigne et du froment, et celles plus ravissantes encore qui ont trait à l'Eucharistie. Les décrire en détail serait impossible, et la fécondité de l'artiste lasserait bien vite la patience du narrateur. Ce

qu'on peut dire et ce qui frappe, c'est que
le spectateur admire ces merveilles sans fa-
tigue et jouit sans effort de l'ordre savant
dans lequel elles sont exposées. En un mot,
c'est comme une des plus belles symphonies
de Mozart ; une imagination aussi réglée
que féconde, une vigueur et une simplicité
de style, une suprême élégance rayonnante
de clarté y tiennent l'âme en suspens et la
conduisent dans ces régions sublimes où le
génie seul sait atteindre.

Mais si l'œuvre d'Alexandre Mantovani
est remarquable par la beauté de sa concep-
tion générale, elle ne l'est pas moins par
l'exécution des détails. Les ornements sont
traités avec une supériorité brillante, et les
animaux feraient, à eux seuls, la réputation
d'un peintre spécial. Il y a aussi des paysa-
ges qui sont des œuvres d'un maître en ce
genre, et ne le cèdent en rien à tout le
reste.

B.

Cet ensemble magnifique, formant une des plus splendides galeries qui se puissent voir, a fait l'admiration des nombreux visiteurs qui se trouvaient à Rome pour les fêtes du Centenaire, et nous avons entendu plusieurs Évêques, frappés d'étonnement, avouer qu'ils ne soupçonnaient pas que la peinture décorative pût s'élever si haut, et s'écrier dans leur enthousiasme, que cela seul vaudrait le voyage de Rome.

Nous souhaiterions ardemment qu'Alexandre Mantovani pût importer en France un art qui certainement y serait accueilli avec faveur, et contribuerait, sans aucun doute, à faire faire à l'ornementation de nos maisons et de nos palais un progrès nécessaire.

Il serait digne du souverain qui préside aux destinées de la France, de suivre en cela la tradition des grands monarques ses prédécesseurs, et de demander au Souverain-Pontife, qui ne le lui refuserait pas, son éminent artiste pour décorer un ou plusieurs salons du nouveau Louvre. L'œuvre qui en résulterait ne serait assurément pas une de celles qui feraient le moins d'honneur au règne.

Il ne serait pas d'ailleurs le premier souverain étranger qui confierait d'importants travaux à M. Mantovani ; car la reine d'Angleterre l'a déjà chargé de décorer la chapelle qu'elle fait élever à la mémoire du prince Albert.

Quoi qu'il en soit, nous aurons toujours éprouvé une grande satisfaction en appelant l'attention du public français sur un artiste d'un grand talent, et dont les œuvres méritent d'acquérir à l'étranger, surtout en France, la juste réputation qu'elles ont obtenue à Rome.

VII

LETTRE A M. LOUIS VEUILLOT

Rome, le 18 novembre 1868.

Très cher monsieur et ami.

Je viens de lire dans l'*Univers* du 14 de ce mois votre article sur un discours du prince Napoléon à l'Ecole *centrale et spéciale d'architecture*.

Permettez-moi d'y ajouter quelques-unes des réflexions qui se pressent en foule dans mon esprit à ce singulier spectacle du prince Napoléon, parlant d'encouragement et de protection aux beaux-arts. Peut-être pourrai-je émettre quelques idées utiles, tout en soulageant un peu mon cœur des tortures morales que je ressens toutes les fois que je traverse la malheureuse Italie, où les doctrines politiques du prince sont appliquées par ses amis.

Certes, c'est le rôle d'un prince et surtout d'un prince sans emploi de s'occuper de ce qui fait la splendeur d'un règne, c'est-à-dire des beaux-arts, et il fait bien d'en discourir en public. Mais d'abord, ce sujet si grave voudrait être traité autrement qu'avec cette légèreté tranchante qui fait le fond du siècle et qui ne masque qu'imparfaitement la maladie générale de l'*à peu près*. L'à peu près nous envahit et nous tue. Il est partout, dans les arts comme dans la politique. Aujourd'hui à peu près bien, demain à peu près mal; et plût à Dieu que dans ce dernier sens ce fût toujours l'*à peu près*.

Voici donc aujourd'hui le prince Napoléon qui dit des paroles à peu près bonnes. Mais sied-il bien de parler beaux-arts de cette même bouche qui a prononcé ces mots fameux et funestes : *La révolution, c'est nous !* La révolution, l'ennemie-née des beaux-arts, la puissance destructive au suprême degré et dont le but avoué est d'anéantir le catholicisme, c'est-à-dire précisément l'origine, la conservation et la seule vie possible des beaux-arts !

Protéger la Révolution d'une main et encourager les beaux-arts de l'autre, c'est faire l'œuvre des Danaïdes, avec une différence très-aggravante. Pour les Danaïdes, il ne s'agissait que d'eau claire, tandis que les efforts du Prince ne remplaceront jamais par d'autres chefs-d'œuvre ceux qu'aura engloutis le gouffre sans fond de la Révolution.

Qu'importe aux artistes de l'Europe que

tel grand personnage favorise de ses vœux et de son argent une école d'architecture, dont je n'ai pas à apprécier l'utilité et le mérite, si d'ailleurs la politique tend à la ruine de tout ce qui entretient et féconde le sentiment du beau? Pourquoi demander aux architectes la conviction et le caractère, si la conviction et le caractère est de démolir les églises et de changer les couvents en casernes? Le premier service à rendre aux arts, ce serait d'arrêter l'œuvre de vandales qu'une certaine politique poursuit avec tant d'acharnement. Si vous aimez véritablement les arts, faites d'abord respecter les chefs-d'œuvre qui existent; c'est le seul moyen d'en créer de nouveaux.

Voilà ce que j'ai la consolation d'admirer ici, à Rome, dernier coin où l'art trouve encore un abri sur la terre des arts. Rien ne tombe, et des fleurs nouvelles apparaissent

sur les vieux murs que la révolution pro-
pose d'arracher.

Je vous ai jadis parlé de l'éminent pein-
tre-décorateur romain Mantovani. Je le vois
ici tranquillement achever son œuvre admirable, et sous la bienfaisante tutelle d'un
prince véritablement ami des arts, les murs
du Vatican se revêtent de merveilles, absolument comme s'il ne se passait rien d'ef-
frayant dans le monde.

J'aurais souhaité que ce grand artiste fût
appelé en France. Un François 1er et un
Louis XIV n'y auraient pas manqué; mais
on aime mieux faire des discours qui n'en-
fantent rien et qui ne conservent rien. En
Italie, vous n'imaginez pas de quel train va
la mort.

Ah! l'on peut affirmer, en refaisant le
mot de Joseph de Maistre, que les gouvernements ont les artistes qu'ils méritent.

Le premier empire n'est jamais cité

d'une manière bien favorable lorsqu'il s'agit de goût. Si le second empire veut laisser à la postérité un renom meilleur, il faut que les idées vraies et élevées, indispensables au succès, comme le dit le prince Napoléon, lui servent non-seulement à édifier, mais à empêcher de détruire.

VIII

PROJET DE PÉTITION AU SÉNAT

Mon intention était bien réellement de présenter
cette pétition au sénat; mais un excellent ami, bien
en position de connaître les hommes et les choses de
ce temps, et que j'avais consulté, m'a engagé à n'en
rien faire. « On ne vous écoutera pas, m'a-t-il dit,
par la bonne raison qu'on ne vous comprendra pas.
Les préoccupations du siècle sont ailleurs, et les in-
telligences fermées à ces considérations sur le sort
des arts. » Hélas !!!

Rome, mars 1809.

Messieurs les Sénateurs,

Je viens appeler votre attention sur la
dévastation de l'Italie. Le mal qui en résulte
pour les beaux-arts est réel. Il est déjà con-
sidérable et le deviendra chaque jour davantage. En quelques années l'Italie a perdu sa noble et antique physionomie dont
l'attrait invincible attirait les artistes de
tous les pays qui venaient y chercher des

inspirations et des modèles. Si le système actuel dure encore longtemps, la ruine complète de cet admirable pays est infaillible et toutes les nations éclairées verront s'éteindre ce foyer puissant de chaleur et de vie et se transformer en une terre vulgaire ce lieu privilégié des arts où la providence avait si manifestement concentré tout ce qui peut leur servir d'aliment.

La politique, par des combinaisons nouvelles, a changé un état de choses consacré, et permis à la révolution de réduire en poussière une civilisation dont la vertu créatrice s'attestait par un merveilleux ensemble de goût et de génie sans égal au monde.

Cependant les trésors de l'art sont le patrimoine des générations présentes et futures et, à ce titre, ils devraient être respectés.

Le pouvoir qui les méprise et les laisse

sedisperser et s'anéantir commet un attentat qui devrait exciter l'émotion de l'Europe.

La loi civile interdit au prodigue l'administration de son propre bien lorsqu'il le dissipe au détriment de ceux qui doivent venir après lui. Le prodigue justement considéré comme atteint d'une folie partielle est ainsi mis en dehors de la société qu'il blesse en y apportant le désordre.

Or, ici ce n'est pas seulement l'intérêt d'une société limitée qui est en jeu, c'est celui de la civilisation entière, car les arts n'ont point de frontières et leur influence rayonne jusqu'aux extrémités du monde.

Mais dans l'état actuel de l'Europe, qui défendra ces intérêts sacrés? Qui arrêtera ces désordres funestes? Vous seuls, messieurs les Sénateurs, le pouvez tenter. Si je connaissais un tribunal d'une compétence plus haute, et dont les arrêts pussent avoir une plus grande portée, j'irais y soumettre

6

cette cause qui est celle des beaux-arts en même temps que de l'intérêt bien entendu de la dynastie.

Vous avez noblement prouvé combien vous teniez à ce que la France se montrât toujours digne de son titre de fille aînée de l'Église. Que par vos conseils elle continue et étende ce noble rôle en prenant sous son égide les grandes œuvres de la civilisation chrétienne ! Qu'elle use de sa puissance légitime sur cette sœur cadette, qui fait si fausse route, pour la ramener à des sentiments et à des actes meilleurs. La France en a le droit et le devoir, car c'est elle qui a mis le gouvernement italien en possession de ce splendide patrimoine, si follement, si audacieusement, et, j'ose le dire, en considérant l'inséparable intérêt des arts et de la religion, si criminellement dissipé.

TABLE